Silphium
Miracle d'une ancienne plante médicinale ressuscitée

σίλφιον

Ancienne pièce en argent de Cyrène représentant la plante Silphium

Hanael PARKS

Pour Sonia et Evelyne

Couverture : Hanael Parks
Site officiel : www.antonparks.net

Cet essai et sa continuation sont possibles grâce à votre soutien. Si vous souhaitez soutenir les Parks dans la poursuite de leurs travaux, rendez-vous sur le site Tipeee:

https://fr.tipeee.com/soutien-anton-hanael-parks

Vos commentaires et vos notes sur le site d'Amazon nous aident à mieux diffuser ce livre : pensez à laisser une note !

Pour nous signaler une erreur, une faute ou faire part d'une suggestion, veuillez contacter directement :
moderation.parks@outlook.com

La série des *Chroniques de la Maîtresse du Temple* par Hanael Parks retrace sous forme de récit la vie de la déesse Inanna-Ishtar-Nephtys. À la fin des deux premiers ouvrages, vous trouverez des essais sur les archétypes du Féminin Sacré fournissant des preuves archéologiques et mythologiques liées aux sujets abordés dans ces livres.

Si vous avez apprécié ce livre et souhaitez poursuivre votre enquête sur le Féminin Sacré, vous pourrez vous procurer l'essai « *La Déesse Cachée & l'Arbre de Vie : la Spiritualité aux origines de l'humanité* » d'Hanael Parks.

Des textes anciens mentionnent un culte rendu à une Déesse Mère préhistorique aux origines de l'humanité : quelle aurait été sa nature exacte ?

Cet essai propose une reconstruction inédite des croyances de nos ancêtres, il y a près de 40 000 ans, à l'aide d'éléments archéologiques et avec l'appui de la mythologie comparée. Plusieurs millénaires en arrière, un paradigme très différent régnait sur l'esprit de l'humanité : non pas la peur de la mort, mais la terreur d'être enchaîné dans le cycle inévitable de la réincarnation dans un monde de famine et de chaos. Nombre de règles de vie et pratiques magiques - en particulier les soins mortuaires - visaient à prévenir cette malédiction. Ce livre révèle les origines d'un savoir oublié : le mythe éminemment ancien de la Lumière des Origines. Son univers sombre et semé d'embûches nous ramène en 40 000 av. J.-C., et même plus loin, remettant ainsi en question nos connaissances sur la spiritualité.

Reproductions d'un motif numismatique de la collection BMC Greek (Cyrenaica) / Catalogue des monnaies grecques de Cyrénaïque du British Museum.

TABLE DES MATIÈRES

1	Les Doriens	1 – 12
2	Culture de la plante sacrée	13 - 16
3	Cueillette de la plante sacrée	17 – 18
4	Usages alimentaires de la plante sacrée	19 - 20
5	Usage médicinal de la plante sacrée	21 – 23
6	Une longue histoire parsemée de faux espoirs	24 – 25
7	Annexes et analyses iconographiques	26 – 35
8	Interview du Professeur MISKI Mahamut	41 – 53
9	Recette historique d'Apicus	55 – 56
10	Bibliographie	58 – 59

Je suis auteure depuis 2019, mes recherches concernent la mythologie comparée et l'archéologie expérimentale. J'ai participé à de nombreuses conférences dont certaines ont été traduites en plusieurs langues.

Après près de dix ans à l'université, j'ai choisi de devenir chercheuse indépendante et auteure. Ayant obtenu une certification en Littératie Religieuse à Harvard X (Harvard University), je poursuis mes différents travaux de recherche sur le Féminin Sacré, dans les mythes et l'archéologie. Ma mission est de déconstruire les préjugés et de parvenir à une réhabilitation de l'image du Féminin Sacré.

L'exemple de l'histoire mystérieuse de la plante Silphium est l'un des plus emblématiques. Cette plante est le symbole d'une époque oubliée où les femmes avaient le pouvoir sur leur sexualité et leur fertilité. La Déesse qui "maîtrise le lion" et sa plante sacrée (Silphium) incarnaient le pouvoir de dire NON.

A l'époque oubliée où les femmes avaient le monopole de cette plante, elles avaient le contrôle de leur propre corps : elles pouvaient alors choisir de tomber enceinte ou de recourir à la contraception. Elles avaient tout le pouvoir sur la fertilité et la richesse que procurait cette plante médicinale.

Reproduction de motifs numismatiques de la collection grecque BMC (Cyrénaïque) / Catalogue des monnaies grecques de Cyrénaïque, British Museum.

"Quaeris quot basiationes
tuae, Lesbia, sint satis superque.
quam magnus numerus Libyssae harenae
laserpiciferis iacet Cyrenis,
oraclum Iovis inter aestuosi
et Batti veteris sacrum sepulcrum,
aut quam sidera multa, cum tacet nox,
furtivos hominum vident amores:
tam te basia multa basiare
vesano satis et super Catullo est,
quae nec pernumerare curiosi
possint nec mala fascinare lingua."

* * *

"Tu me demandes, Lesbie, combien de tes baisers il faudrait pour me satisfaire, pour me forcer à dire : Assez ? Autant de grains de sable sont amoncelés en Libye, dans les champs parfumés de Cyrène, entre le temple brûlant de Jupiter et la tombe révérée de l'antique Battus ; autant d'astres, par une nuit paisible, éclairent les furtives amours des mortels, autant il faudrait à Catulle de baisers de ta bouche pour étancher sa soif délirante, pour le forcer de dire : Assez. Ah ! puisse leur nombre échapper au calcul de l'envie, à la langue funeste des enchanteurs !"

* * *

* « Lesbie » désigne une femme originaire de Lesbie, c'est à dire une Lesbienne (au sens de « originaire de Lesbie »). Je n'ai pas pris la liberté de changer la traduction de Charles Héguin de Guerle, cependant, il était nécessaire d'apporter ici cette précision.

Catulle, *7e de Catulle et in eum commentarius* (1554) traduite par Charles Héguin de Guerle, 1837. Catulle est un poète grec ancien (vers – 84 av. J.-C. / - 54 av. J.-C.). Dans ce poème, le Silphium est appelé par son nom romain «Lasarpicium ». Elle est « la plante de l'amant » car elle est à la fois considérée comme un aphrodisiaque et un contraceptif. Le traducteur français n'a pas choisi de restituer « Lasarpicium » par le nom de la plante mais a cru bon de lui substituer l'adjectif « odorant ». En effet, la plante était non seulement prisée pour ses vertus mais également pour son parfum. Cependant, dans le contexte du poème de Catulle, il est clair que l'auteur de ces vers faisait bel et bien référence à la plante « Lasarpicium » (Silphium) connue à la fois pour être un contraceptif, un abortif et un aphrodisiaque.

Catulle en Lesbie, **Sir Lawrence Alma-Tadema, 1865.**

1 LES DORIENS

L'histoire du Silphium commence dans l'Antiquité. Il s'agit cependant plutôt d'une "redécouverte" grâce à l'invasion des Doriens. Les Doriens appartenaient au peuple grec. Ce groupe ethnique se revendiquait comme descendant d'Hercule, au sens propre du terme. Ils se considéraient comme les véritables héritiers et fils d'un dieu vivant. Leur savoir, leur force physique et leur combativité étaient alors réputés dans toute la Grèce.

Lorsque les Doriens ont colonisé le territoire de l'île de Théra, vers 630 av. J.-C., ils ont découvert puis ramené cette plante, le Silphium, avec eux dans leur patrie d'origine, la Grèce. En faisant le commerce de cette plante, ils la répandirent tout autour de la Méditerranée. Mais son entretien et sa culture étaient codifiés et extrêmement difficiles : seuls quelques initiés qui avaient offert cette plante aux Doriens savaient comment la cultiver convenablement...

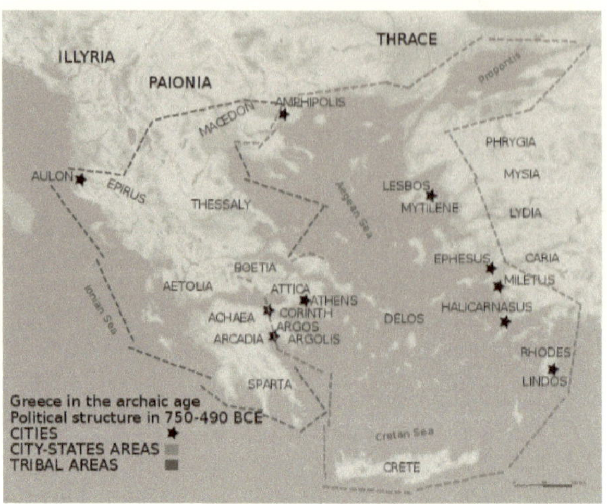

1. Carte montrant les principales régions de la Grèce antique continentale et les terres "barbares" adjacentes.

2. Hercule (avec tête restaurée du XVIIe siècle) combattant le lion de Némée Roman 150-200 CE photographié au Ashmolean Museum, Oxford, Royaume-Uni.

Vers 630 av. J.-C., un certain Grinus était à la tête de la colonie dorienne. Il conquit Théra, une île appelée Santorin de nos jours, et régna ainsi sur le territoire de Cyrène (région de la Cyrénaïque). Son arrivée sur le trône faisait suite à un changement climatique qui avait provoqué une famine dramatique : l'île avait été privée de pluie pendant sept ans, en conséquence, l'autonomie de cette colonie était passablement compromise.

Les Doriens n'eurent d'autre choix que d'envoyer le roi Grinus consulter l'oracle de Delphes. Cet oracle était réputé communiquer avec le dieu Apollon. Une possible révélation accordée par l'oracle de Delphes aurait certainement permis aux Doriens de survivre.

L'oracle imposa au roi Grinus, qui était trés âgé, un défi qu'il ne pouvait pas relever : se rendre dans un lointain territoire, l'actuelle Libye. C'est certainement à cette époque que Battus devint roi, le plus célèbre du vaste territoire de la colonie de Cyrène gouvernée par les Doriens.

Battus accomplit la mission confiée par l'oracle en se rendant en ce territoire lointain. Après maintes péripéties, il se mit en quête des habitants de ces lieux hostiles. Une entente amicale semblait être la promesse du partage des connaissances des autochtones, seuls à connaitre le moyen de survivre en ces lieux arides.

Les indigènes étaient en effet les seuls à maîtriser parfaitement leur environnement et les seuls capables d'expliquer aux Doriens comment prospérer sur ce nouveau territoire.

Après de nombreuses épreuves, les colons Doriens parvinrent à fonder la ville de Cyré, aussi appelée Cyrène. Son homophonie est sans équivoque : ce nom fait référence à une nymphe, Kyréné, dont le nom rappelle celui des Sirènes. Cette déesse est un avatar de la Grande Déesse préhistorique.

3. (à gauche). Mosaïque de la nymphe de Cyrène, vers le IIe siècle, du Musée Lambèse (Algérie).

4. (à droite) Reproduction d'une œuvre dans une grotte de l'Atlas représentant la Déesse Mère, souvent aux jambes écartées, parfois aux pattes de serpent ou à queue de poisson, toujours associée à l'Eau et portant souvent des cornes. J'explique une partie du destin historique de cette déesse dans le dossier archéologique à la fin du tome 2 des *Chroniques de la Maîtresse du Temple.*

C'est bel et bien ce que suggèrent divers travaux de chercheurs et archéologues : la présence d'un cortège de prêtresses vouées à une déesse ancestrale, chthonienne, oracle et garante de l'ordre de la Nature. Du point de vue des Doriens, cette croyance barbare a dû paraître « exotique » mais tout à fait susceptible d'être intégrée à leurs propres convictions religieuses.

Cette déesse ne devait pas être représentée et encore moins sous une forme anthropomorphe (humaine). C'est sous l'influence hellénique qu'ont été progressivement introduites des représentations d'abord abstraites puis anthropomorphiques de la déesse avant d'achever de l'intégrer au panthéon grec. Déesse de la vie et de la mort, elle représente un archétype oublié que les colons ont intégré à leur propre panthéon en la « mariant » avec Apollon.

Il est très intéressant de noter que les *goès* (prêtres-loups) furent également importés par les Doriens dans la colonie de Cyrène. Ces prêtres-loups trouvent leurs origines très loin dans l'histoire de l'humanité, comme en témoignent les travaux d'Anton Parks.

Nous découvrirons que cette divinité connut un destin exceptionnel et retentissant, bien au-delà d'une simple évolution religieuse. Le destin de la Grande Déesse se retrouve en détail dans mon essai « *La Déesse Cachée & l'Arbre de Vie : la Spiritualité aux origines de l'humanité* ».

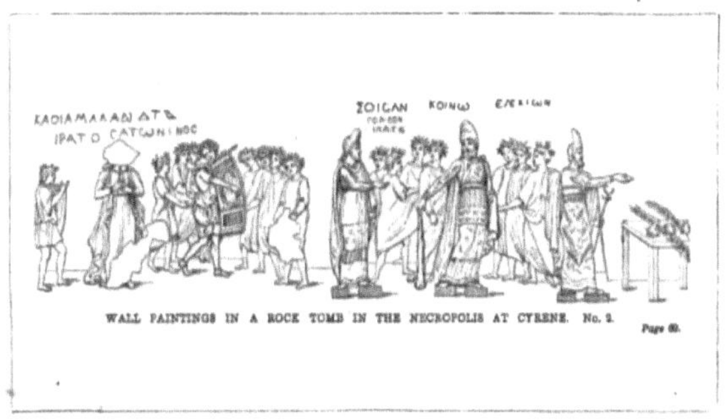

5. Peinture murale de la tombe de la Nécropole de Cyrène 1856: un *goès* (prêtre-loup) est représenté avec un casque de loup dans le milieu de la scène, voir ci-dessous le détail de la peinture murale.

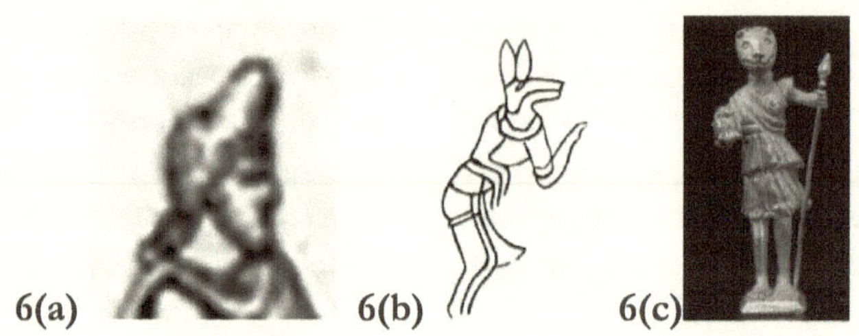

6(a) détail de la peinture murale ; **6(b)** reproduction d'un art rupestre dans l'Atlas montrant un homme avec un casque ou un masque de loup ; **6(c)** référencée comme "Anubis défenseur d'Osiris" mon analyse de cette sculpture datée aux environs du IIIe siècle montre qu'il est clairement lié à un culte du mystère féminin oublié (voir mon essai « *La Déesse Cachée & l'Arbre de Vie : la Spiritualité aux origines de l'humanité* »).

Cet homme (**a**) à tête de loup qui est un représentant ou un agent de la Déesse est très fréquemment figuré sur les grottes préhistoriques, notamment en Libye. Ce qui est totalement incroyable, c'est que ce symbole fait référence à un culte initiatique qui incluait des femmes et qui aujourd'hui est presque oublié. Fort heureusement, ce culte mystérieux est encore attesté dans la culture hellénique (voir (**c**) représentation où Athéna porte le masque du loup!). Ce sujet est documenté et analysé dans mon essai « *La Déesse Cachée & l'Arbre de Vie : la Spiritualité aux origines de l'humanité* ».

7. Une femme, certainement une prêtresse en charge de la culture du Silphium se trouve à proximité de la plante. Autrefois, cette représentation était comprise comme symbolique et non basée sur une observation réelle de la plante : cependant, les découvertes du professeur Mahamud Miski (Université de Turquie) démontrent que le Silphium peut effectivement égaler voire dépasser la taille d'un être humain. Il s'agit d'un détail extrait d'un Lécythe, env. Ve siècle av. J.-C., exposé à l'Université Bretagne Sud (France).

La déesse Kyréné introduite par les colons grecs est appelée « *celle qui tue les lions à mains nues* » ; ce n'est pas une courtisane ou une indolente, tout comme la déesse libyenne préhistorique à qui elle se substitue. Archétype de la femme sage et sauvage, cette divinité est "mariée" à Apollon au cœur du panthéon grec. De cette union légendaire sont nés des dieux – avatars des principes de la civilisation – attestant de la transmission des enseignement assurés par les indigènes matriarcaux auprès de la colonie dorienne nouvellement installée.

Un autre élément témoigne du caractère préhistorique des mythes hellénisés : Aristée, fils de Kyréné serait responsable de la mort d'Eurydice, la bien-aimée du mythique Orphée. Le mythe d'Orphée est maintenant établi comme remontant à la préhistoire, ayant été adapté au fil des siècles dans différents contextes culturels. Kyréné serait devenue une relique d'un panthéon où jadis une déesse sauvage et puissante enseignait des secrets à l'humanité et la préservait du danger.

Parfois appelée « *l'Atlantide philosophique* » en raison de son influence méconnue et oubliée, le territoire du Cyrénaïque était un lieu essentiel de transmission des savoirs. Avec près de 1000 ans d'occupation, la colonie dorienne forma un trait d'union au cœur du bassin méditerranéen. Annexé par les rois ptolémaïques d'Égypte, ce territoire sera ensuite occupé par les Romains et enfin gouverné par les descendants de Cléopâtre et de Marc Antoine.

C'est dans ce territoire historique, sur l'île de Théra – peut-être plus plus sûr que d'autres en raison de son caractère insulaire – et dans le Cyrénaïque que la plante miraculeuse fut préservée et cultivée pendant près de 700 ans. Combien de temps exactement les premiers habitants de Cyrène ont-ils pris soin de cette plante ? Leur avait-il été transmis par la Déesse, comme le rapportent de nombreux mythes à travers le monde ?

Le Silphium est appelé "plante divine", non seulement à cause de ses vertus mais aussi en référence à son origine. Pindare, poète et chroniqueur grec, dit que cette plante vient du "Jardin de Vénus", c'est-à-dire le Jardin d'Éden ? C'est ce que tendent à indiquer les travaux d'Anton Parks, qui ont permis d'actualiser les origines sumériennes, et donc pré-bibliques, du motif du Jardin d'Éden où les plantes étaient alors cultivées par les dieux.

La connaissance de l'agriculture et de l'outillage, comme motif prébiblique de la "faute" ou de la Chute de l'Homme, est largement attestée dans la littérature mésopotamienne, près de 2000 ans avant notre ère, soit déjà 1500 avant l'arrivée des Doriens sur le territoire de Théra.

Que l'origine de la plante soit divine ou humaine, ce qui est une certitude absolue, c'est qu'elle a fait la richesse de la colonie dorienne. Son commerce était si lucratif qu'il devint un symbole de richesse. Pour cause, elle est particulièrement rentable tout étant une plante mellifère, source de nectar pour le miel produit par les abeilles[1].

On imagine, en effet, à quel point les vertus médicinales (contraceptives, curatives, source de protéines végétales etc.) eurent une place importante dans la réputation de cette plante. Mais ce qui est moins connu et pourtant parfaitement attesté par la littérature ancienne, ce sont ses propriétés en tant que carburant : les variétés du Silphium sont aujourd'hui utilisées comme carburant biogaz, c'est-à-dire dans un procédé consistant à produire de l'énergie à partir de l'optimisation de la combustion des déchets.

---

[1] De nos jours, pour 1 hectare, les producteurs français de silphie actuelle (nom de famille de la plante silphium) produisent en moyenne 150 kilos de miel par an.

La « découverte » par le roi Battus de la plante divine est précédée d'une « pluie de poix noire ». Cela signifie-t-il que la fermentation de la plante fut bien observée, comprise et optimisée par le roi dorien ? C'est vraisemblable dans la mesure où l'ethnie dorienne semble liée à des artefacts véritablement anachroniques. Ce fait est indéniable concernant la vie de Pythagore, sujet évoqué dans mon ouvrage « *La Déesse Cachée & l'Arbre de Vie : la Spiritualité aux origines de l'humanité* ».

Pour les Romains, le Silphium s'appelle Laserpitium, dérivé du terme grec, *lasar*, qui signifie à la fois une plante et la substance qu'elle produit. Il est probable que ce nom soit le résultat d'une hellénisation du terme « *Asar* », nom égyptien du dieu Osiris, dieu agricole symbolisant la renaissance.

À Rome, la plante Silphium était achetée au même prix que l'argent et l'or. Considérée comme un moyen de paiement de l'impôt, elle fut entreposée dans le trésor public. Peu de temps après la conquête romaine, le Silphium se raréfia et disparut finalement. Les causes exactes de cette disparition semblent mystérieuses, plusieurs facteurs sont à considérer : un excès d'animaux laissés inopportunément en pâture sur les plans de Silphium ; la destruction orchestrée par les envahisseurs qui ont enlevé la plante avec ses racines (la tuant de ce fait) ; ou encore, un surplus d'impôt à régler en Silphium de la part des habitants du Cyrénaïque...

Il est probable que tous ces facteurs, associés aux intempéries, soient à l'origine de cette tragique disparition. Cependant, des témoignages épars attestent que certaines variétés de cette plante ont malgré tout survécu, volées par les gardiens du savoir ; une d'entre elles fut même offerte au tyrannique empereur Néron. Oribase, médecin du IVe siècle de notre ère et célèbre hédoniste amateur de bonne chère, a laissé des témoignages "tardifs" de l'usage du Silphium déjà réputé avoir disparu...

La Ferula, cousine du Silphium, est une plante associée aux rites ancestraux liés au feu : sa moelle permet le transport des braises. Le nom Ferula fait à nouveau référence au culte archaïque d'une grande déesse dénommée parfois *Kbelĕ*. Ce nom est un homonyme de « Cybèle », déesse des mystères agraires associés aux plus anciennes figures divines répertoriées à ce jour.

La Cybèle hellénique, appelée à l'origine « *Qubalas* », est liée à la divinité mésopotamienne Kubaba, déesse initiatrice de l'humanité. Un rituel représente une offrande faite à la déesse Kubaba à travers des libations et la fraction du pain, deux éléments que l'on retrouve dans la religion chrétienne, près de 4000 ans plus tard[3].

---

[2] C'est le cas en Algérie par exemple.
[3] La hittitologie aujourd'hui : Études sur l'Anatolie hittite et néo-hittite en l'honneur du 100e anniversaire d'Emmanuel Laroche 5e Rencontre d'archéologie de l' IFEA , Istanbul 21-22 novembre 2014.

8. Ce qui semble être une fleur de Silphium est clairement visible sur ce sceau dédié à la déesse Kubaba, vers -1800. Sceau de Carchemish.

2 CULTURE DE LA PLANTE SACRÉE

Dès le Néolithique, à l'époque où Athènes émergeait à peine, jusqu'à l'apogée de l'Empire romain, le Silphium était un des produits les plus recherchés de la mer Méditerranée. De l'Europe du Sud, à l'Afrique du Nord, jusqu'aux rives du Proche-Orient, la connaissance de cette plante sacrée semblait sous la garde d'initiés.

Les médecins et guérisseurs grecs regardaient le Silphium comme une panacée aux mille vertus. Pour les militaires romains, la plante était pratique pour assaisonner les plats. Pour les lettrés, son intérêt ne se limitait pas à un simple condiment puisque la plante est répertoriée dans plus de mille ouvrages dans les trésors impériaux de Rome. Même les jeunes plants étaient évalués à cette époque au même prix que l'argent. La disparition de la plante sacrée est progressive : « *Une seule tige fut trouvée* », se lamente le chroniqueur romain, Pline l'Ancien, dans son *Histoire naturelle* au premier siècle de notre ère « ... *et elle fut donnée à l'empereur Néron* [4] ».

L'un des secrets les mieux gardés – et certainement la véritable source de sa disparition – est son caractère hermaphrodite : la plante est dite monoïque. Sur le même pied, mais à des endroits différents, se trouvent des fleurs mâles (qui ne portent pas de fruits) et sous les feuilles, des fleurs femelles qui donneront des graines en forme de cordons.

Chaque graine prise séparément ressemble à un emoji « ♥ » en forme de cœur. Leur utilisation comme aphrodisiaque a conduit à l'associer à la sexualité ainsi qu'à l'amour. Sans un nombre suffisant d'abeilles ou d'initiés conscients de ce secret, la plante ne pouvait survivre. La plante hermaphrodite a nécessairement besoin de l'action d'un individu (insecte ou humain) pour assurer sa reproduction. Bien que rustique et productif sur plusieurs années, le Silphium a toujours été totalement dépendant du jardinier.

De plus, comme sa proche cousine, la plante Thapsia garganica[5], il est possible que l'extraction de sa racine soit fatale aux imprudents : le Silphium pouvait déclencher des saignements menstruels et était également utilisé comme « fluidifiant » sanguin par les anciens.

En fait, on comprend mieux les témoignages qui expliquent que celui qui coupe le Silphium en se tenant

---

4 National Geographic, *This miracle plant was eaten into extinction 2,000 years ago—or was it?*, September 23, 2022, by Taras Grescoe & Professor Mahumut Miski.
[5] Cette plante est notamment étudiée, malgré sa toxicité avérée, pour ses propriétés anticancéreuses et curatives contre les affections respiratoires.

debout face au vent risque de voir son corps se couvrir de bleus et de périr. C'est ce qui arrivait parfois aux bovins qui en mangeaient. Les animaux succombaient alors à des hémorragies gastriques soudaines et spectaculaires.

Si l'on n'était pas initié à sa cueillette (contre le sens du vent, le corps caché par un vêtement ou un onguent), l'imprudent risquait la mort et la vaine destruction d'un pied de cette plante incroyable et miraculeuse.

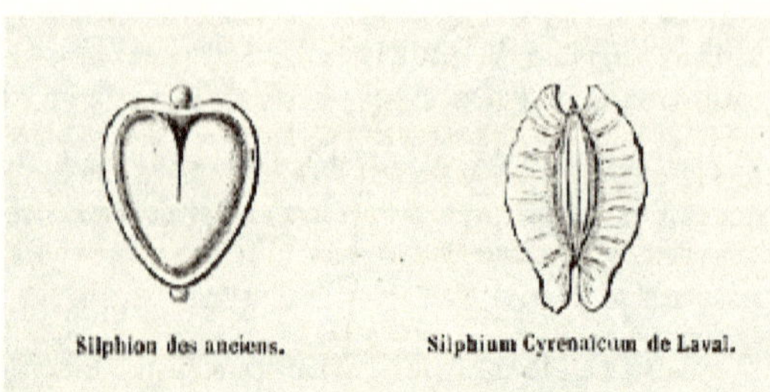

9. Représentation de la graine de Siplhium rapportée dans *Silphion de Cyrénaïque par le Docteur Laval* (1820-1891). C'est l'une des "possibles" redécouvertes de la plante qui fit grand débat avant d'être démentie... Le débat sera relancé en 2022 avec une possible redécouverte publiée dans le National Geographic. Nous en reparlons plus loin.

10. Ancienne pièce en argent de Cyrène représentant une graine ou un fruit de Silphium. C'est cette forme qui est à l'origine du symbole "moderne" du cœur "♥". Reproduction de motifs numismatiques de la collection grecque BMC (Cyrénaïque) / Catalogue des monnaies grecques de Cyrénaïque.

11. Reproduction de motifs numismatiques de la collection grecque BMC (Cyrénaïque) / Catalogue des monnaies grecques de Cyrénaïque.

Dans cette représentation numismatique de la graine de la plante Silphium, il semble qu'un loup porte la graine dans sa bouche. Rien d'étonnant quand on connaît les liens symboliques entre les rites dits de fécondité et les rituels liés à l'accouchement représentés sur les fresques d'Afrique du Nord du Mont Atlas. Des explications approfondies liées au culte du Loup et de la Fertilité seront fournies dans mon essai « *La Déesse Cachée & l'Arbre de Vie : la Spiritualité aux origines de l'humanité* ».

3 CUEILLETTE
DE LA PLANTE SACRÉE

Sans être initié, il semblait impossible de cueillir du Silphium sans risquer sa vie ou sans détruire la plante. Afin de pouvoir extraire le jus actif de la zone supérieure du Silphium, il fallait connaître le temps de prélèvement exact pour faire monter la sève au bon moment sans laisser la «plaie » trop ouverte, sinon la plante mourrait.

Il en était de même pour les prélèvements de jus effectués au niveau des racines. Le jus du haut s'appelle *Caulias* et le jus des pieds *Rhizias*. Le jus était conservé dans le son, la couche fibreuse externe du grain. Son conditionnement nécessitait ainsi la maîtrise de la culture du blé ou d'une graminée qui produisait du son. Les productions étaient estampillées pour prouver leurs origines et leurs vertus, comme le sont nos pilules actuelles.

Certains témoignages attestent même que les pilules de Silphium étaient estampillées du dieu Harpocrate[6,] la version hellénisée d'Horus, fils du dieu égyptien Osiris. Il est fort possible que les indigènes aient cédé la plante aux colons Doriens en échange du droit, notamment pour le clergé de leurs prêtresses, d'exploiter ces plantations en commun avec les Grecs. Si cette promesse n'a pas été respectée, si, comme le rapportent de nombreux mythes et légendes, les hommes ont renversé l'hégémonie des femmes indigènes et de leur Déesse, il est vraisemblable que ces prêtresses ont compromis la survie des cultures en leur nuisant activement, comme par le sabotage ou en ne transmettant pas leur savoir à ceux qui cherchaient à les dominer.

Les voiles portés par ces prêtresses n'étaient pas seulement symboliques et c'est certainement pour cette raison que la Déesse qu'elles vénéraient était représentée «sans visage ». En se protégeant les yeux et le nez pendant la récolte, elles ont certainement évité de s'exposer à une

---

6 *Le Siplhium – état de la question,* in *Journal des Savants*, Madame Suzanne Amigues, 2004, page 195.

dose élevée et mortelle de sève végétale.

4 USAGES ALIMENTAIRES DE LA PLANTE SACRÉE

Si le jus était consommé, les feuilles, la tige et les racines le furent aussi. Leurs traces se retrouvent dans les recettes de viande et de poisson. En raison de sa richesse en protéines, le Silphium était employé à dose modérée pour engraisser le bétail et aromatiser la chair des animaux qui le consommaient. Il servait aussi de purgatif à ceux qui en faisaient une cure régulière. Les racines pouvaient être préparées comme des poireaux mis en salade, mangés avec du vinaigre, ou séchés et conservés dans des bocaux avec de la farine.

Les cuisines anciennes ressemblaient plus à des ateliers de sorcières tout droit sortis de l'imaginaire moderne : des plantes sans étiquette, produits hétéroclites et senteurs fortes se heurtaient certainement dans la pénombre. Des goûts tels que la viande amère, rance ou faisandées (mâturées) étaient alors appréciés et considérés comme raffinés.

5 USAGE MÉDICINAL
DE LA PLANTE SACRÉE

C'est dans la colonie dorienne de Cyrénaïque qu'au Ve siècle avant notre ère se trouvait la deuxième plus grande école de médecine du monde hellénique.

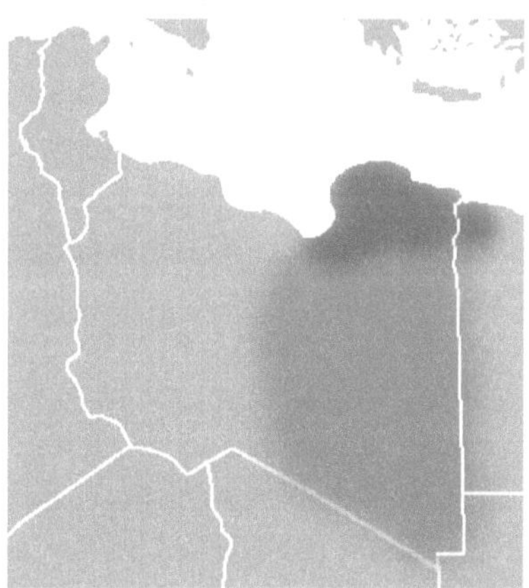

12. La région traditionnelle de Cyrénaïque (gris foncé), et l'expansion moderne (gris clair).

Hippocrate a conseillé de produire des médicaments sous forme de bâtonnet, dénommés *eclegmes*, avec du Silphium : un bâton de réglisse était enrobé d'une préparation à base de miel et de jus de Silphium. Des cataplasmes à base de cette plante étaient également appliqués, certainement en raison de ses propriétés désinfectantes.

Un patient fiévreux, souffrant d'une infection généralisée ou d'une pleurésie s'est également vu prescrire du Silphium. La plante sacrée était coupée avec du jus de grenade (soutien médicamenteux par excellence), du vin pur ou dilué, du lait de chèvre ou d'ânesse ou encore du vinaigre. Elle était également utilisée tel quel, immergée dans "l'eau de lavage" de la viande et des légumes, selon les mots de l'ancien médecin Oribase.

Le Silphium était le médicament d'urgence féminin par excellence. Sa consommation diminuait le taux de fécondité chez les hommes, déclenchait les menstruations, provoquait des fausses couches. Il déclenchait également l'accouchement et hâtait l'expulsion du placenta, évitant ainsi l'une des causes majeures de décès périnatal.

Son effet secondaire majeur survenait chez certains sujets selon Hippocrate : c'était le « choléra sec », c'est-à-dire la mort subite par déshydratation rapide et mortelle. Les nourrices devaient s'abstenir de consommer à la fois des médicaments et des assaisonnements à base de Silphium. Ses effets passaient certainement dans le lait et pouvaient être fatals aux nourrissons.

Propriété quasi-miraculeuse à une époque où les

césariennes coutaient la vie aux mères, selon les témoignages de Pline et d'Hippocrate, le Silphium servait très clairement à sauver les femmes d'une septicémie causée par la mort *in utero* du fœtus.

La plante Silphium était également utilisée comme remède contre toutes les plaies à caractère infectieux, les hémorroïdes, les thromboses, les calculs rénaux, pour soigner les caries dentaires, contre les morsures d'animaux contaminés par la rage, les polypes, les cors, les intoxications liées aux venins, les ulcères, les maladies inflammatoires liées au système respiratoire en général.

6 UNE LONGUE HISTOIRE PARSEMÉE DE FAUX ESPOIRS

À plusieurs reprises la plante aurait été "redécouverte" par différents chercheurs, mais à chaque fois, il s'agissait d'une erreur d'identification. La découverte récente, en 2022, dans l'actuelle Turquie, d'un descendant direct de cette plante « divine » est le dernier maillon en date.

Cette piste est la plus encourageante en ce qu'elle reste modérée dans ses promesses et ouvre un champ des possibles beaucoup plus optimiste que les "redécouvertes" précédentes. En reconstituant son patrimoine génétique par le séquençage ADN, il serait possible de retrouver la plante dans une santé parfaite avec le taux de principes actifs idéaux qui ont par le passé permis ses utilisations médicales. En effet, au fil du temps, les principes actifs de la plante semblent avoir diminués considérablement selon la littérature médicale antique. Cela peut être du à une hybridation malheureuse, un mode de culture inadapté ou encore la vente de produits frelatés.

Compte tenu de la difficulté de reproduction de cette plante détaillée plus haut et de sa vulnérabilité, il est certain que les plantes originelles furent hybridées et finalement détruites ou perdues faute de pérennisation des connaissances.

Le très célèbre magazine National Geographic a choisi d'intituler son article de la façon suivante : « *This miracle plant was eaten into extinction, 2,000 years ago – or was it ?* » ; « *Cette plante miracle a été mangée jusqu'à mener à son extinction il y a plus de 2000 ans – est-ce vraiment le cas ?* » (23 septembre 2022) car effectivement, le doute demeure. Les carpologues (chercheurs en semences et plantes anciennes) ont beaucoup de travail à faire avant de pouvoir isoler le gène et davantage « parcourir » en profondeur l'arbre généalogique complet de cette plante.

L'Histoire le montre, plantons du Silphium et des ruches pour éviter l'extinction de l'humanité.

 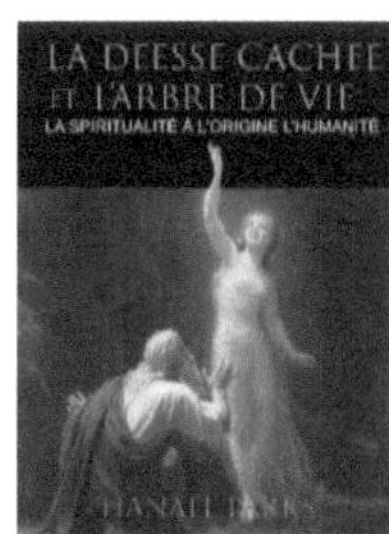

Si vous avez apprécié ce livre et souhaitez poursuivre votre enquête sur le Féminin Sacré : « *La Déesse Cachée & l'Arbre de Vie : la Spiritualité aux origines de l'humanité* » par Hanael Parks, publié aux éditions Nouvelle Terre.

ANNEXES ET
ANALYSES ICONOGRAPHIQUES

13. Dessin d'*Héracléum sphondylium,* montrant ses graines en forme de cœur.

14 (a) et **(b)** : Modèle 3D des fleurs mâles et femelles du Silphium reconstitué sur la base des documents disponibles. Selon les propos relayés par le magazine National Geographic, le Silphium aurait été redécouvert par un professeur de l'université d'Istanbul Mahamud Misky. La plante descendante s'appelle Ferula drudéana.

15. Reproduction des graines de l'étude du professeur Mahamud Miski (Université de Turquie). Les analyses de l'extrait de racine ont identifié 30 métabolites secondaires - substances qui, bien qu'elles ne contribuent pas à l'activité principale d'aide à la croissance ou à la reproduction d'une plante, confèrent néanmoins une sorte d'avantage sélectif. Parmi les composés, dont beaucoup ont des propriétés anticancéreuses, contraceptives et anti-inflammatoires, se trouve la shyobunone, qui agit sur les récepteurs cérébraux de l'acide gamma-aminobutyrique (GABA) et peut contribuer à l'odeur enivrante de la plante. Le professeur Miski (Université de Turquie) pense que de futures analyses de la plante révéleront l'existence de dizaines de composés d'intérêt médical qui n'ont pas encore été identifiés.

16. Coupe d'Arcesilaus (ou Coupe d'Arkesilaus) est une kylix (vase peu profond et évasé), réalisé par le céramiste de Laconie connu sous le nom de Peintre d'Arcesilaus.

Cette coupe représente le souverain Arcésilas II (Arkesilas), roi de Cyrène, et est datée entre -565 et -560. La coupe a été retrouvée à Vulci et se trouve aujourd'hui au Cabinet des médailles de la Bibliothèque nationale de France à Paris. La représentation montre le roi supervisant la pesée du Silphium, expédié comme marchandise en mère patrie (la Grèce).

17. Reproduction de motifs numismatiques de la collection grecque BMC (Cyrénaïque) / Catalogue des monnaies grecques de Cyrénaïque du British Museum.

Premier stade de croissance de la plante. Il est intéressant de noter qu'elle est associée à un animal à cornes (la gazelle), thème que je développe en détail dans le tome 2 des *Chroniques de la Maîtresse du Temple*. La plante est associée en haut et en bas à deux abeilles, cruciales pour sa survie. Une graine en forme de cœur est présente en haut à droite de la pièce.

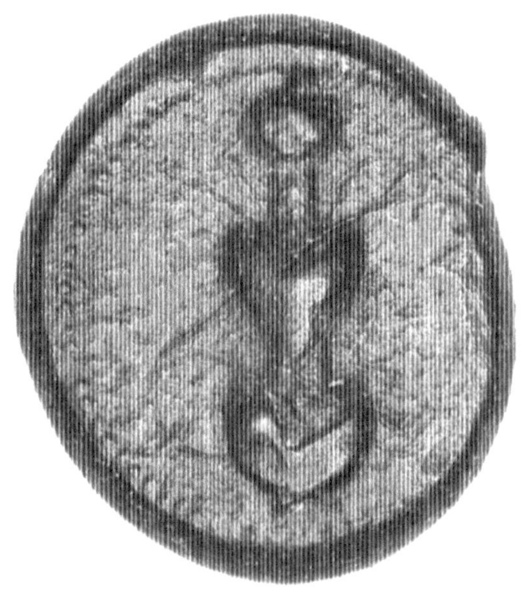

18. Reproduction de motifs numismatiques de la collection grecque BMC (Cyrénaïque) / Catalogue des monnaies grecques de Cyrénaïque du British Museum.

Deuxième stade de maturation de la plante Silphium. Les fleurs mâles et femelles différenciées commencent seulement à apparaître. La tête de la plante est esthétiquement mise en parallèle avec la tête d'un être humain et le torse de la plante est comparé à un cœur : la plante Silphium entretient des liens étroits dans sa symbolique mystique avec le thème de la renaissance miraculeuse. Ce thème se retrouve dans la mythologie d'Osiris dans l'Égypte ancienne et dans le christianisme avec le Christ ressuscité.

19. Reproduction de motifs numismatiques de la collection BMC Greek (Cyrenaica) / Catalogue des monnaies grecques du Cyrénaïque du British Museum.

Troisième stade de maturation de la plante. Les fleurs mâles et femelles sont bien distinctes et les abeilles sont très actives autour de la plante. Il est possible que le cercle autour de la deuxième représentation soit une référence à l'Ouroboros.

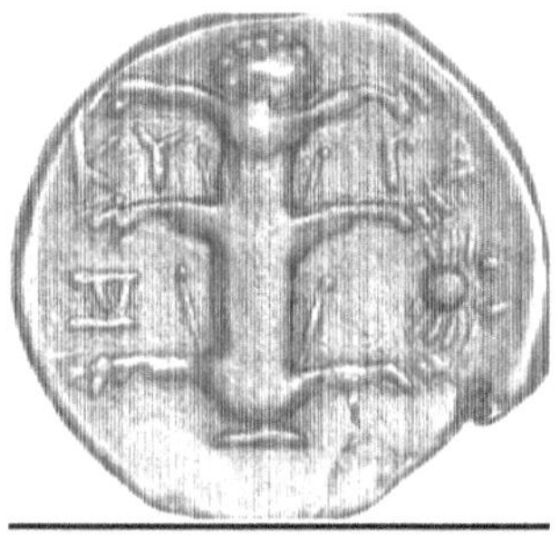

20. Reproduction de motifs numismatiques de la collection BMC Greek (Cyrenaica) / Catalogue des monnaies grecques du Cyrénaïque du British Museum.

Dernière étape de pleine maturité de la plante. La dissociation de ses parties mâle et femelle est complète. Elle est réputée mûrir complètement autour de la période de mai ou juin de notre calendrier actuel, ce qui le lierait au signe astrologique du Cancer, ce qui semble confirmer la présence d'un Crabe (symbole astrologique du signe du Cancer). Tous les membres de la plante sont présents et on peut clairement les comparer à un être humain qui aurait des ailes supplémentaires ou une paire de bras : c'est en effet un des signes de l'hermaphrodisme, comme si deux êtres étaient confondus en un seul, comme les siamois ou les jumeaux.

21. Reproduction de motifs numismatiques de la collection BMC Greek (Cyrenaica) / Catalogue des monnaies grecques du Cyrénaïque du British Museum.

La Déesse préhistorique vénérée par les autochtones était comparée à celle qui domine le Lion, le Lion représentant la force fécondante de la Nature : le Silphium était célébré pour tous ses usages médicaux y compris son effet abortif et contraceptif. Cette représentation le confirme. La graine se retrouve également au pied de la plante, suggérant qu'elle est en fin de vie et qu'elle donne ses graines.

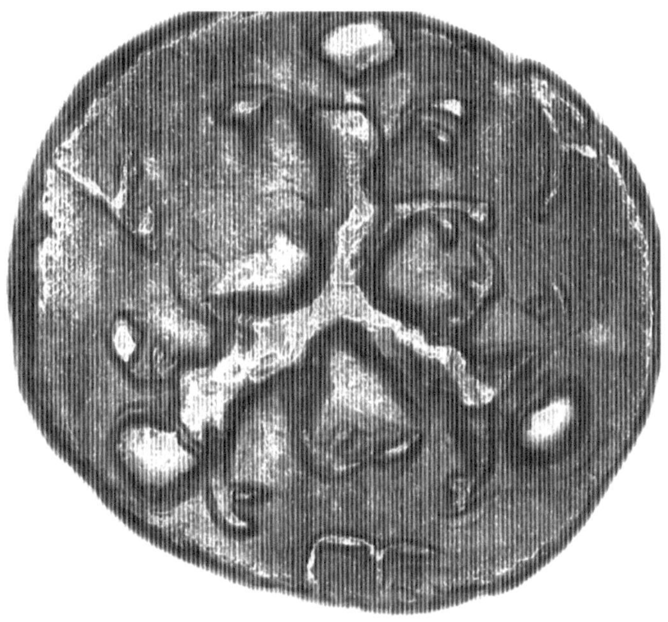

22. Reproduction de motifs numismatiques de la collection BMC Greek (Cyrenaica) / Catalogue des monnaies grecques du Cyrénaïque du British Museum.

Cette représentation est la plus révélatrice du lien entre la plante sacrée Silphium et la Triple Déesse, appelée Hécate dans la culture hellénistique. Le Silphium est représenté ici en "triple" comme la Déesse Hécate, étroitement liée à la Déesse égyptienne Heqet, elle-même surgie des profondeurs des âges préhistoriques comme le démontre mon ouvrage « *La Déesse Cachée & l'Arbre de Vie : la Spiritualité aux origines de l'humanité* ».

PROFESSEUR MAHMUT MISKI, DÉCOUVREUR DE LA PLANTE MYTHIQUE SILPHIUM, OCTOBRE 2022

Professeur Mahmut Miski, Université d'Istanbul, Faculté de pharmacie, Département de pharmacognosie ; principaux domaines de recherche : isolement et élucidation de la structure des composés biologiquement actifs des plantes, et plus particulièrement l'intérêt des composés cytotoxiques (avec un potentiel anticancéreux) et antiviraux.

Hanael : Alors nous y sommes. Bien. D'accord. Comment allez-vous aujourd'hui, Professeur Miski ?

Professeur Miski : Je vais bien. Et vous ? Est-ce que ça va?

Hanael : Bien. Vraiment enthousiaste. Merci beaucoup de m'accorder cette interview. C'est un grand honneur pour moi et pour tous les téléspectateurs de la chaîne YouTube que je représente.

Professeur Miski : De même. Je peux dire que je suis ravi d'apprendre l'intérêt que suscite encore ce sujet si particulier. Permettez-moi, tout d'abord, de dire que ce que j'ai fait n'était pas une étude planifiée. Ma découverte est complètement fortuite. J'explorais seulement les espèces de *Ferula* qui poussent en Turquie. Parce qu'ici les espèces de *Ferula* sont des spécimens végétaux très importants. Dioscoride, éminente autorité historique sur les plantes médicinales, a décrit il y a vingt siècles, cinq ou six d'entre elles dans son "*De Materia Medica*". Parmi celles-ci, bien sûr, la résine de Silphium utilisée à de très nombreuses fins différentes. Nous avons environ 26 ou 27 espèces de *Ferula* qui poussent en Turquie. A la fin de mes études, à l'occasion de mon doctorat, j'ai décidé d'étudier les espèces de *Ferula* poussant en Turquie. Je ne pensais même pas que le Silphium poussait quelque part en Anatolie. Je n'en avais aucune idée. C'est une simple coïncidence.

D'accord, maintenant, je suppose que vous vous demandez pourquoi le Silphium est important. L'histoire de cette plante remonte en fait à près de 5000 ans. Cela remonte à la fin de l'Âge du Bronze.

Lorsque Sir Arthur Evans a fouillé un palais minoen, il a trouvé des artefacts indiquant que le Silphium était utilisé au moins en Crète. Il ne savait pas s'il poussait là-bas ou s'il était importé de Cyrénaïque. Il n'en était pas sûr. Il a analysé des Glyphes qui sont des caractères alphabétiques ressemblant à la plante Silphium ; donc, en quelque sorte, il a établi un lien avec cette plante particulière. Dernièrement, Andrew Koh, ainsi que d'autres archéologues expérimentés dans l'analyse des substances organiques résiduelles, ont enquêté sur les artefacts extraits d'une fabrique à Mochlos, en Crète, qui remonte également à quatre ou cinq mille ans. Alors, il a pensé que cette fabrique était l'équivalent d'une de nos usines pharmacologiques contemporaines où étaient mélangés beaucoup d'ingrédients à base de plantes ; lui et son équipe ont aussi trouvé dans cette zone, des sceaux en pierre dont la face représentait la graine de Silphion. Bien sûr, il n'avait aucune preuve directe que le Silphium était utilisé là-bas, mais c'est probable. Donc, historiquement, cette plante remonte à la fin de l'âge du bronze.

Par ailleurs, pour les égyptiens (début de la période dynastique), il y a des archives, il y a des découvertes dans leurs tombes. Des archéologues ont trouvé des contenants de parfum ou de baume fabriqués à partir de cette plante particulière, à tout le moins les inscriptions sur les étiquettes suggéraient une composition intégrant du Silphium. Quoi qu'il en soit, ces découvertes indiquent qu'il remonte à au moins quatre mille ans.

Pourtant, ce que nous avons appris des récits de l'antiquité concernait principalement les colonies cyrénaïques des grecs, celles-ci venaient de Théra à Cyrène. Les colons grecs ont commencé à exploiter cette plante. Une description mythologique affirmait que sept ans avant leur arrivée, , cette plante, cadeau d'Apollon, est apparue spontanément. C'est une description mythologique, bien sûr, avec les connaissances botaniques actuelles, nous savons que c'est impossible. La plante était déjà là, poussant depuis des milliers de milliers d'années. Et parfois, elle poussait même jusqu'à la frontière libyenne de l'Égypte. Quoi qu'il en soit, les grecs ont commencé à exploiter la plante, la commercialiser et l'exporter dans de très nombreux endroits. Bien sûr, parallèlement à cette exploitation, ils ont essayé de la cultiver ailleurs. Hippocrate, par exemple, dit qu'ils ont essayé de la cultiver en Ionie, à l'ouest de l'Anatolie, ainsi que dans le Péloponnèse, mais sans succès.

Pourquoi n'ont-ils pas réussi ? Parce que d'après mon expérience avec *Ferula drudeana*, l'erreur commise provient du fait qu'ils se sont conformés aux connaissances des plantes de l'époque. Théophraste était le père de la botanique. Sa première description du Silphium indique que le vent souffle la graine sur le sol et que la plante arrive à maturité, à sa taille normale, en un an. Il ajoutait qu'elle pousse majestueusement, avec d'énormes racines en un an. Comment pourrions-nous imaginer que cette plante croit si rapidement alors que ce n'est pas un plan de carotte ? Maintenant, d'après mes premières expériences, je sais qu'il faut au moins douze voire 14 ans pour que la plante fleurisse.

Hanael : Waouh. Incroyable !

Professeur Miski : Cela prend au moins autant de temps. Quand quelqu'un plante la graine dans le sol, même si elle germe, elle ne pousse pas rapidement en un an. Comme la culture ne produisait pas le résultat indiqué ceux qui ont essayé, sur la base de ces connaissances limitées et trompeuses, croyaient avoir échoué. Évidemment, parmi les expériences de culture faites dans toute l'Anatolie et la Grèce, certaines d'entre elles ont réussi, certains ont réussi à cultiver la plante. Mais le problème, c'est que celui qui a planté la graine n'a surement pas compris que 14 ans plus tard, la majestueuse plante qui avait poussé, était une descendante du Silphium. Cette incompréhension était due à leur méconnaissance. Ils ne considéraient tout simplement pas cette plante comme du Silphium.

C'est le chaînon manquant, mes recherches sur cette plante suggèrent en quelque sorte qu'il s'agit très probablement de la descendante de la plante Silphium, qui a survécu à ces expériences de culture en Anatolie. Nous en trouvons dans les petites enclaves voisines à proximité d'anciens villages grecs

Il faut la protéger, car comme vous pouvez le voir sur cette pièce derrière moi, on peut voir des gazelles ; les animaux raffolaient des graines. Pourquoi est-ce important ? Il faut 13 ou 14 ans pour que la plante pousse et elle produit des graines une seule fois dans sa vie, après cela, la plante meurt. Juste une seule fois. C'est ça. Elle perd ses graines et elle meurt. Si des animaux qui aiment ses graines les mange toutes, lui restera-t-il une chance de se reproduire ? Bien sûr que non. Cela montre que si elle n'est pas protégée, la plante disparaîtra totalement. Et c'est probablement, selon moi, l'un des facteurs les plus importants de la disparition du Silphium en Libye. Bien sûr, la plante a été surexploitée. Bien sûr, elle a été extraite, trop récoltée. Bien entendu, il a été question des mutineries des peuples indigènes et ceci et cela. Oui, tous ces éléments sont des facteurs contributifs. Mais quand on y pense : une fois dans une vie, 13 ou 14 ans, la plante ne produit la graine qu'une seule fois. Et si elle ne se reproduit pas, la plante disparaît à coup sûr. C'est peut-être le facteur le plus important de son extinction dans les régions cyrénaïques. Bien sûr, je ne peux pas le prouver scientifiquement, à moins de comparer cette plante côte à côte avec un spécimen vivant de la plante Silphium, ce qui est impossible. Cette plante n'est plus cultivée. Je ne peux pas dire que la *Ferula Drudeana* est un Silphium, mais pour moi, c'est la plante la plus proche que vous puissiez obtenir. Peut-être que si ce n'est pas un descendant du Silphium, c'est une plante très proche… et je ne sais pas comment le prouver.

Un archéologue m'a dit que je devais trouver une résine de la plante Silphion clairement étiquetée comme résine de Silphion, puis analyser cette résine particulière et la comparer ensuite avec la résine de *Ferula Drudeana*. Si on constate que les compositions sont très, très, très similaires, alors il sera possible d'affirmer « *oui, cette plante est en fait un Silphium* ». Jusqu'à présent, nous n'avons pas eu cette chance. Nous n'avons pas obtenu un tel échantillon pour établir une comparaison. Je ne sais pas si nous le ferons par la suite. Je ne sais pas. Une autre de mes suppositions est qu'il y aurait une connexion entre *Ferula*

Drudeana et d'autres *Ferula* poussant dans la région cyrénaïque, il pourrait exister des hybrides de la plante Silphion. Parce que d'après notre expérience avec cette plante particulière (*F. Drudeana*), j'ai découvert sa très grande tendance à produire des hybrides.

Quand une autre espèce de *Ferula* pousse à proximité, j'observe la formation d'hybrides avec la *Ferula Drudeana*. Cette année, par exemple, j'ai observé une plante particulière produite par hybridation de *F.Drudeana* et une autre petite espèce de *Ferula* poussant à proximité. En juin, j'ai vu une plante qui était un peu entre *Ferula Drudeana* et *Ferula Rigidula* ; morphologiquement, c'était clairement une plante hybride. Mais bien sûr, nous devons approfondir ; nous devons observer sur le long terme ce qui se passe avec cet hybride, comment va-t-il se ramifier, etc. Et s'il s'agit vraiment d'une plante Silphium, si elle a suffisamment tendance à produire des hybrides, alors, cela dû être la même chose avec le Silphium de Cyrénaïque. Ainsi, nous devrions également faire des recherches sur les espèces de *Ferula* qui poussent à proximité des régions cyrénaïques pour voir si des hybrides persistants là-bas sont liés à l'ancienne plante Silphium. Ainsi, peut-être pourrons-nous relier cette plante à la variante Silphium qui pousse en Anatolie. C'est une de mes priorités ; à ce stade inexploré mais je peux dire que c'est peut-être la méthode permettant de le prouver.

Nous pouvons évoquer d'autres sujets portant sur les connexions phylogénétiques.

D'autres études ont produit des résultats inattendus. Peut-être à cause des hybrides issus de cette plante dans cette région ou d'autres interférences biologiques. J'ai aussi reçu une proposition d'un groupe de scientifiques : l'exploration complète de l'assemblage génomique de *Ferula Drudeana*. Je ne suis pas sûr qu'il soit possible de le faire. Je n'ai pas encore eu d'autres discussions avec ce groupe. J'aimerais enquêter là-dessus. Voilà mon avis sur cette découverte et cette histoire en Anatolie.

Concernant ses composés actifs, la plante a un grand potentiel en raison des principes actifs chimiques qu'elle produit. Lorsque j'ai fait des recherches il y a près de 40 ans, j'ai isolé plusieurs composés et, selon moi, cela semble intéressant. En faisant des recherches documentaires, j'ai découvert que chacun de ces composés avait une sorte d'activité biologique. C'est comme un lexique de composés biologiquement actifs tous contenus dans cette plante particulière. Cela confirme la raison pour laquelle les médecins de l'antiquité utilisaient cette plante et cette résine pratiquement pour tout dans toutes les maladies. C'est la raison pour laquelle ils essayaient de le faire pousser dans des endroits si éloignés. D'où son intérêt y compris alimentaire car c'était une épice appréciée, utilisée pour la cuisine. Nous avons essayé cette année. J'adore les plats préparés avec le Silphium même si je n'apprécie pas ceux qui est préparés en utilisant *Asa Fœtida*. C'était très savoureux. J'espère que nous pourrons continuer cette expérience et que nous ferons d'autres préparations en suivant les recettes d'Apicius. On verra ce qu'il se passe que ce soit la plante Silphium ou pas ! Quand j'ai vu cette plante pour la première fois, je n'avais pas d'idée préconçue, je ne savais pas si c'était une plante Silphium ou non. Compte tenu des qualités de la résine de cette plante poussant en Anatolie, à l'odeur si merveilleuse, ce fut une expérience réjouissante ; c'était même émouvant, ça provoquait certains effets. En regardant ses composés, j'en ai trouvé la raison : il y a des produits chimiques qui affectent le cerveau ! C'est une sorte de "communication végétale" avec le cerveau. Certains produits chimiques influencent le récepteur $GABA_A$ dans le cerveau et vous stimulent. Cela vous donne en quelque sorte une sensation bienfaisante ; c'est peut-être ainsi que la plante incitait les gens à la cultiver - "*développez-moi plus, essayez de me disperser partout dans le monde de toutes les façons !*". Difficile à faire, car ce n'est pas un plan carotte, vous ne pouvez pas la faire pousser en un an ou deux. C'est l'aspect le plus négatif de cette plante particulière. Il faut au moins 13 ou 14 ans pour la faire arriver à maturité.

Nous avons des lots expérimentaux qui poussent dans un jardin botanique à Istanbul. Ils poussent depuis près de dix ans. Nous n'avons pas encore vu de floraison. Espérons que nous verrons, dans quelques années, la plante s'épanouir en plein centre d'Istanbul. Je garde espoir. Comment exploiterons-nous cette plante à l'avenir ? Si nous le pouvons, nous le ferons. Oui nous pouvons.

Au début, je ne savais pas s'il était possible de cultiver cette plante à partir des graines, car les villageois que je connaissais, qui avaient essayé, m'avaient dit n'avoir pas réussi. C'est pourquoi j'ai décidé de faire une étude de culture expérimentale. Ainsi, à partir des graines j'ai produit des semis puis durant 8-9 années de culture j'ai compris la difficulté, mais c'est possible.

Hanael : Et vous avez pu faire pousser des spécimens

dans ce jardin botanique ?

Professeur Miski : En fait, cette plante pousse naturellement. Sa culture maintenant mondiale, comprend entre 500 et 600 plantes. Comme un effet domino, vous pouvez, bien sûr, la multiplier et la faire croître et se développer… Mais comment pouvons-nous utiliser cette plante ? À quel degré de maturité pouvons-nous l'utiliser ? Peut-être n'est-il pas nécessaire de produire des graines et des fleurs. Peut-être est-il possible d'utiliser la résine obtenue à partir des racines ; nous avons testé cela cette année pour la première fois. Effectivement, nous avons pu extraire de la résine et nous allons approfondir les recherches sur celle-ci. La résine est blanche et nacrée et a une agréable senteur. Je la conserve dans mon réfrigérateur, ici, chez moi. Espérons que nous pourrons en produire davantage. Une autre utilisation serait gastronomique, en préparant des sauces et d'autres mets à base de Silphium. De plus, cette plante pourrait entrer dans la composition de produits phytochimiques (biologiquement actifs), des médicaments, etc., car il contient de nombreux composés biologiquement actifs intéressants.

J'ajoute que j'ai publié un article présentant les composés connus qui ont été précédemment isolés d'autres plantes. Plusieurs nouveaux produits chimiques, spécifiquement liés au Silphium sont en attente de publication. Peut-être que ces nouveaux produits chimiques présentent des bioactivités intéressantes. Nous devons poursuivre nos recherches sur le sujet. En outre, il y a de nombreuses d'histoires sur les propriétés aphrodisiaques de la plante

Silphium ou sur le fait que ce soit un contraceptif… Nous pouvons aussi étudier ces aspects de ses composés…

Permettez-moi de vous présenter le diaporama suivant ! (…). Cette présentation a été diffusée à l'occasion d'un colloque d'historiens de la médecine, à Munich fin 2021. Même si le Silphium a disparu il y a 2000 ans, sa notoriété, toujours d'actualité, présente encore un intérêt commercial aujourd'hui. Vous pouvez voir tous ces produits, un mélange de vitamines, un parfum et du vinaigre, etc. Un groupe allemand du nom de « Quadro Nuevo » a produit un album intitulé "Song of Spice" comprenant 18 chansons liées aux épices, l'une d'elle est intitulée "Silphium" ; fait intéressant : toutes les 17 autres épices sont encore disponibles, ce sont des épices qui existent encore » alors que le Silphium aurait disparu. Ainsi, le Silphium est toujours resté présent à l'esprit, même après toutes ces années, il n'est pas oublié. Cela reflète son importance.

Son symbole représenté en numismatique est devenu le logo du groupe de conservation des plantes médicinales de l'UICN, qui l'a choisi du fait de sa disparition en lien avec l'activité de l'homme. Espérons qu'elle n'a pas vraiment disparu.

La plante derrière moi est la descendante du Silphium. Nous verrons, le temps nous le confirmera, espérons-le. Cette plante était le principal aliment de base de l'économie de la Cyrénaïque, figurant sur le sceau d'une pièce. Pline en a parlé ; Théophraste ; etc., etc.

J'ai un peu mentionné comment elle a été découverte en

Anatolie. Ce sont des spécimens d'herbier. Quoi qu'il en soit, j'ai donné un aperçu de ce que j'ai découvert. Par exemple, la plante Silphium produit de très nombreuses racines sous terre. Ceci est un exemple d'une de nos cultures, vous pouvez le voir ici. Cela ressemble à une pieuvre pour moi. Je n'ai jamais vu ce genre de structure chez aucune autre espèce de *Ferula*. Et voici la plante naturelle que nous avons extraite de la Terre. Comme vous pouvez le voir, la ramification était incroyable ! C'était une couleur incroyable et tout correspond bien à ce que Théophraste et Pline en disent, notamment les principes actifs extraits des racines de *F. Drudeana*.

Toutes ces principes actifs se trouvent en fait dans ces cinq plantes médicinales. Donc, cette plante concentre les principes actifs des cinq autres. Sur cette diapositive j'énumère les principes actifs. Aspect essentiel : cela favorise la connexion entre l'esprit et le corps. Tous ces produits chimiques ont une influence sur notre cerveau. Non seulement notre cerveau, notre santé. Parce que le système endocrien, le système cardiovasculaire, le système gastro-intestinal, tous ces composés sont actifs sur ces systèmes, le système immunitaire, etc. Ils sont tous dans cette plante. Et Dieu sait, peut-être que les principes actifs restant à analyser auront des propriétés différentes ! C'est pourquoi j'insiste : c'est une plante importante pour moi.

Une autre plante dont vous avez entendu parler, j'en suis sûr: le ginseng. Le ginseng est la plante médicinale la plus célèbre des pays d'Asie de l'Est. Ils apprécient tellement le ginseng ; à l'occasion d'un voyage en Corée j'ai été impressionné car le ginseng sert à tout là-bas. Le ginseng est dans les boissons vitaminées, les boissons alcoolisées, les parfums, les cosmétiques, sous forme de thés, dans les médicaments de phytothérapie, etc. Des magasins coréens sont spécialisés dans la vente de produits à base de ginseng. Le ginseng fait partie de leur culture ; c'est dans leur ADN. J'ai vu comment ils la cultivaient à l'ombre et comment ils évaluaient le moment à partir duquel ils pouvaient l'utiliser. Des doctorants vietnamiens, rencontrés en Corée, appréciaient le ginseng pour ces propriétés médicinales. Par ailleurs, des revues sont spécialisées dans la recherche sur le ginseng. Mais je dois dire ici que le Silphium, ou peut-être devrais-je dire *Ferula Drudeana*, est plus intéressant que Ginseng. En effet, les produits chimiques contenus dans le ginseng sont les saponines responsables de la plupart de ses propriétés, c'est une plante adaptative. Alors que, dans le Silphium, ce n'est pas un seul principe actif mais plusieurs qui affectent différentes parties du corps. C'est pourquoi le Silphium, pour moi, présente plus d'intérêt que le ginseng ! J'espère que la notoriété du Silphium égalera celle du ginseng, espérons-le. Quoi qu'il en soit, c'est mon point de vue. Si vous avez d'autres questions, j'essaierai d'y répondre.

Hanael : Oh, merci beaucoup, professeur Miski. Merci beaucoup de la part de tous les téléspectateurs. Ils seront vraiment ravis d'entendre votre intervention parce que c'est phénoménal, les mots me manquent. En fait, je suis vraiment très honorée de diffuser votre point de vue sur l'histoire de cette plante (…).

Apicius, *De Opsoniis et Condimentis*

(Amsterdam: J. Waesbergios), 1709.

Recette Historique d'Apicius :

L'estomac farcie au Silphium.

* * *

Ingrédients : Poitrine de porc hachée et concassée, chair de porc, 3 cervelles de porc dénervées, œuf cru, pomme de pin, pignons de pin, Silphium, huile de gingembre, vinaigre, poivre, sel.

* * *

Recette : « Videz complètement un estomac de porc, lavez-le avec du vinaigre additionné de sel, puis lavez-le à l'eau et farcissez-le avec la préparation suivante : mélangez ensemble la chair de porc hachée et écrasée, trois cervelles de porcs et des œufs crus ; ajoutez les pignons de pommes de pin et les grains de poivre, puis monter le tout avec une sauce. Cette sauce sera composée de poivre, de livèche, de Silphium, de gingembre et d'un peu de rue (*Ruta officinalis*) écrasée avec du garum de la meilleure qualité et un peu d'huile. La préparation ne doit pas éclater à la cuisson. Fermez-le, attachez-le à chaque bout, et plongez-le dans une casserole d'eau bouillante. Retirez-le ensuite et piquez-le avec une aiguille pour qu'il n'éclate pas. A mi-cuisson, essuyez-le et suspendez-le dans la fumée pour le colorer. Enfin, vous le ferez bouillir, jusqu'à cuisson complète, dans du garum, du vin et un peu d'huile. »

Bibliographie :

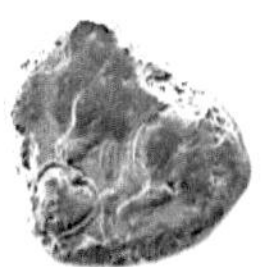

- Le silphium de Cyrénaïque, une plante médicinale aujourd'hui disparue, 2008 (www.academie-medecine.fr)
- The seven Books of Paulus Aeginata, Vol. 3. Sydenham Society of London, Londres 1844.
- Le silphium - État de la question, Amigues, Journal des Savants, 2004
- L'Art culinaire, Apicus, CUF, Les Belles Lettres, 2002.
- De la divination, Cicéron, GF Flammarion, 2004.
- Catalogue général et raisonné des camées et pierres gravées de la Bibliothèque impériale, Chabouillet, 1858, n°3093
- Les remèdes tirés des légumes et des fruits, CUF, Les Belles Lettres, 2002.
- Expliquez-moi les épices. Aromates ou médicaments ? Delaveau, Pharmathèmes, Édition Communication Santé, 2006.
- Le Silphium, Thèse de Pharmacie, Deniau, Paris
- The Silphium plant: analysis of ancient sources. Masters thesis, Durham University Asciutti, Valentina, 2004
- La vérité sur le prétendu Silphion de la Cyrénaïque ("Silphium cyrenaïcum", du Dr Laval) Henricq (1820-1891).
- Utilisation médicinale des épices dans l'empire romain, Plaidoyer pour une utilisation raisonnée du savoir thérapeutique dans l'Antiquité, Thèse de

Lettres, Fabre, Université Paris, IV Sorbonne, Fabre, 2001.

- La vie spirituelle en Grèce à l'époque hellénistique, Festugière, A. et J. Picard, 1977.
- Histoire naturelle et morale de la nourriture, Larousse, Toussaint-Samat, 1997.
- Un nouveau document sur le silphium, une merveilleuse plante disparue à l'époque romaine, TEMOS (CNRS), 2019
- Silphium: the lost ancient world's herbal birth control — 2,500 years before modern contraceptives, 2022, Tibi Puiu (www.zmescience.com)
- Histoire du Cabinet des Médailles, antiques et pierres gravées, Mersan, 1838
- This miracle plant was eaten into extinction 2,000 years ago—or was it?, 2022 National Geographic, (www.nationalgeographic.com)
- La première espèce végétale éteinte est une épice, le Silphium, Jean-Pierre Reduron (www.jardinsdefrance.org)